Zucchini, Tomaten, Melanzane

Auflage:

4	3	2	1
2016	2015	2014	2013

Erweiterte Neuausgabe des 2000 im Löwenzahn Verlag unter demselben Titel erschienenen Buches,
ISBN 978-3-7066-2175-4

© 2013 by Löwenzahn in der Studienverlag Ges.m.b.H., Erlerstraße 10, A-6020 Innsbruck
E-Mail: loewenzahn@studienverlag.at
Internet: www.loewenzahn.at

Umschlag- und Buchgestaltung sowie grafische Umsetzung: Judith Eberharter, www.eine-augenweide.com

Fotografien:
Cover: fotolia, © legaa
Innenteil: www.fotowerk-aichner.at, außer S. 86: fotolia, © legaa

Gedruckt auf umweltfreundlichem, chlor- und säurefrei gebleichtem Papier.
Bibliografische Information Der Deutschen Bibliothek
Die Deutsche Bibliothek verzeichnet diese Publikation in der Deutschen Nationalbibliografie;
detaillierte bibliografische Daten sind im Internet über <http://dnb.ddb.de> abrufbar.

ISBN 978-3-7066-2528-9

Karin Longariva

Zucchini, Tomaten, Melanzane

Die besten Rezepte

Löwenzahn

INHALTSVERZEICHNIS

INHALTSVERZEICHNIS

HAUPTSPEISEN VEGETARISCH

BEILAGEN

EINLEITUNG

ZUCCHINI
(ZUCCHETTI, COURGETTES)

Die ursprüngliche Heimat der Zucchini ist Südamerika und Mexiko. Vor etwa 4000 Jahren kamen sie dann nach Italien. Aber erst viel später fand man heraus, dass diese anspruchslose Pflanze bei mildem Mittelmeerklima gedeiht und heute gehört sie mit zu den beliebtesten Gemüsearten.
Ob gedünstet, gebacken, gratiniert oder konserviert, Zucchini schmecken einfach immer.

Familie:
Äußerlich gleichen sie den Gurken, sie gehören aber zur großen Familie der Kürbisse. Zucchini tragen ebenso wie Kürbisse an ein und derselben Pflanze sowohl männliche wie auch weibliche Blüten. Meist sind Zucchini dunkelgrün und gurkenähnlich, doch gibt es auch hellgrüne, weiße und goldgelbe Sorten. Sie unterscheiden sich jedoch geschmacklich nicht von den grünen Vettern.

Saison:
Obwohl es Zucchini mittlerweile fast das ganze Jahr über zu kaufen gibt, sind sie dennoch ein klassisches Sommergemüse. In der Zeit von Anfang Mai bis Ende Oktober kommen Zucchini auch aus heimischer Erzeugung auf den Markt.

Gesundheit:

Zucchini sind nicht nur lecker, sondern auch gesund. Zucchini haben pro 100 g nur 20 kcal und sind also sehr kalorienarm. Daneben enthalten sie viele Vitamine wie Vitamin C, das unser Immunsystem vor Krankheiten schützt, Vitamin K, das für unsere Muskeln und Knochen gut ist, und Beta-Carotin, das ebenfalls unser Immunsystem stärkt.

Auch an Mineralstoffen haben Zucchini einiges zu bieten: Kalium ist für verschiedene Stoffwechselprozesse von Bedeutung, Magnesium stärkt unsere Muskeln und Eisen ist wichtig für unser Blut.

Qualitätsmerkmale:

Zucchini sollten eine makellose, matt glänzende Schale haben und der Stielansatz sollte nicht angetrocknet sein. Am aromatischsten sind kleine Früchte, die ca. 15–18 cm lang und etwa 140 g schwer sind. Sehr große Zucchini haben wenig Geschmack, sind von der Konsistenz her nicht empfehlenswert und haben sehr viele Kerne.

Eine besondere Delikatesse sind Zucchiniblüten. Gebacken, gefüllt oder im Rohr gebraten schmecken sie ausgezeichnet. Zucchini sind nicht lange lagerfähig, sie sollten maximal 1 Woche im Kühlschrank liegen. Je frischer, desto besser ist ihr Aroma. Da sie einen recht hohen Wassergehalt haben, sind sie nur bedingt zum Einfrieren geeignet.

Zucchini sollten auch nie in der Nähe von Tomaten oder Obst gelagert werden. Auf das von diesen abgegebene Äthylen reagieren sie empfindlich.

Umgang in der Küche:

Zucchini sind in der Küche ein recht unkompliziertes Gemüse, sie stellen keine allzu hohen Anforderungen, wenn es um die Verarbeitung geht. Sie müssen nur gewaschen werden und anschließend muss der Stielansatz entfernt werden.

Sie haben relativ wenig Eigengeschmack und sind deshalb unglaublich vielseitig in der Zubereitung. Zucchini schmecken leicht nussig und lieben Kräuter und Gewürze wie Knoblauch, Rosmarin oder Muskat.

Zucchini schmecken roh wie auch gegart zu Fleisch, Geflügel, Nudeln und Fisch. Zum Einfrieren sind Zucchini nicht so gut geeignet, nach dem Auftauen sind sie matschig. Eine gute Alternative ist das Einlegen von Zucchini in Öl mit Kräutern – gut verschlossen hält sich der Inhalt bis zu einem Jahr.

TOMATE
(PARADEISER)

Heimatland der Tomate ist Mittel- und Südamerika. Schon 200 v. Chr. kultivierten Inkas und Azteken die rote Frucht. Christoph Kolumbus brachte 1498 die Tomate nach Spanien und Portugal. In Europa tauchte die Tomate unter einer Vielzahl unterschiedlicher Namen auf. Lange als Liebesapfel oder Goldapfel bezeichnet, erhielt die Tomate ihren heute gebräuchlichen Namen erst im 19. Jahrhundert. Ab Mitte des 18. Jahrhunderts beginnt schließlich ihr Siegeszug in der europäischen Küche. Um 1900 ist die Tomate dann auch in Deutschland als Lebensmittel bekannt.

Die Tomate mit dem wissenschaftlichen Namen Lycopersicon esculentum gehört zur Familie der Nachtschattengewächse (Solanaceae), der beispielsweise auch die Kartoffel, die Paprika und der Tabak angehören.

Die Pflanzen dieser Familie haben teilweise giftige Inhaltsstoffe, weshalb die Tomate auch lange Zeit als ungenießbar galt. So enthalten Tomatenblätter und unreife grüne Früchte das Alkaloid Solanin, das Beschwerden wie Kopfschmerzen oder Übelkeit hervorrufen kann. Bei der Reife der Früchte wird es jedoch vollständig abgebaut.

Die über 1500 verschiedenen Tomatensorten unterscheiden sich teilweise im Geschmack. Ausschlaggebend ist hier das Verhältnis von Zucker und Fruchtsäure. Je reifer die Tomate, desto höher der Zuckergehalt. Kleine Tomaten wie die Cocktailtomaten schmecken in der Regel intensiver als ihre Schwestern, da ihr Wassergehalt geringer ist.

Neben der klassischen roten, runden Tomate gibt es eine Vielfalt an Früchten, die in Größe, Farbe und Form variieren: Von der kleinen Kirschtomate bis zur dicken Fleischtomate in den Farben Rot, Orange, Gelb, Grün, Violett oder gestreift und den Formen rund, eier- und birnenförmig ist alles dabei.

Wer keinen eigenen Gemüsegarten besitzt, findet die schönsten Exemplare beim Streifzug über den Wochen- bzw. Bauernmarkt. Dort wird das Tomatenangebot immer größer. Denn alte Spezies erleben eine Renaissance und viele neue Sorten werden gezüchtet.

Die beliebtesten Tomatensorten:

◆ Runde Tomaten sind die begehrtesten und dominieren deshalb den Markt. Die Früchte sind kugelig mit glatter Schale und vielen Kernen, die sich leicht herauslösen. Die Haut ist besonders fest, das Aroma herb säuerlich. Die Farbe ist rot, gelb oder orange.

◆ Eiertomaten (Flaschentomaten) findet man nicht so häufig in frischer Qualität wie runde Tomaten, sondern meist in Konservendosen. Sie haben eine längliche Form, sind sehr fleischig mit einem fruchtigen Aroma und lassen sich leicht häuten (z.B. San Marzano, Andenhorn).

◆ Fleischtomaten sind die Größten unter den Tomaten und enthalten besonders viel Fruchtfleisch, wenige Kerne und sind sehr saftig. Sie sind rot oder orange mit süß-säuerlichem Geschmack (z.B. Ananas, Ochsenherz, Valencia, Feuerwerk, Yellow Stuffer ...).

◆ Kirschtomaten (Cherry-, Party- oder Cocktailtomaten) zeigen die kleine Urform der Gemüsefrucht, sind kirschgroß und haben eine feste Schale. Mit ihrer mundgerechten Größe und dem kräftigen Aroma sind sie sehr beliebt. Sie sind gelb oder rot (z.B. Gelbe Marille, Datterini, Yellow Submarine, Gelbe Johannisbeere, Black Cherry ...).

◆ Rispen- oder Strauchtomaten werden seit einigen Jahren immer stärker gehandelt. Sie zeichnen sich durch ihren

intensiven Geschmack aus. Gerippte Tomaten sind fleischig und haben meist nicht so viel Saft.

Gesundheit:

Tomaten sind nicht nur lecker, sondern auch gesund. Sie bestehen zu etwa 94 Prozent aus Wasser. Tomaten besitzen pro 100 g nur 18 kcal, dadurch sind sie kalorienarm und gehören zu den Lebensmitteln, die Sie ohne Einschränkung genießen können. Die Früchte enthalten reichlich Vitamin C, Kalium, Ballaststoffe und Sekundäre Pflanzenstoffe.

- Vitamine, besonders **Vitamin C**, das vor Zellschäden schützt und die Widerstandskraft des Körpers stärkt.
- Mineralstoffe, vor allem **Kalium**, das wichtige Aufgaben im Nerven- und Muskelstoffwechsel erfüllt.
- **Ballaststoffe**, die den Darm in Schwung bringen.
- **Sekundäre Pflanzenstoffe**, die das Krebsrisiko mindern, vor Herz-Kreislauf-Erkrankungen schützen und die Abwehrkräfte stärken. In der Tomate wirken vor allem gelbrote Pflanzenfarbstoffe, die sogenannten Carotinoide.

Qualitätsmerkmale:

Reif, prall, köstlich duftend und an der Rispe – so mögen wir Tomaten am liebsten. Nutzen Sie die sommerliche Tomatensaison. Auch wenn sie das ganze Jahr in guter Qualität erhältlich sind, schmecken Tomaten in den Sommermonaten immer noch am allerbesten. Je reifer, umso besser sind sie im Geschmack und je mehr Sonnenlicht sie vor der Ernte abbekommen haben, desto besser schmecken sie und desto mehr Inhaltsstoffe haben sie.

Tomaten sollten glatt sein und eine glänzende Schale haben, die kräftig und gleichmäßig gefärbt ist.

Weiche, schlaffe Tomaten sollte man nicht bevorzugen. Reife Tomaten sind druckempfindlich und faulen außerdem leicht. Deshalb werden die meisten Tomaten im unreifen Zustand, also noch grün und fest, geerntet. Sie werden kühl gelagert und können dann in speziellen Wärmekammern nachreifen, bis sie sich rot gefärbt haben. Leider mangelt es ihnen am süß-würzigen Tomatengeschmack, der für die sonnengereiften Früchte an der Staude typisch ist.

Umgang in der Küche:

Die meisten Tomatenrezepte sind herrlich flexibel, je nachdem, was gerade im Garten wächst oder was der Gemüsehändler anbietet, kann man das Gericht zubereiten.

Ob in rohem Zustand, gedünstet, gekocht oder gegrillt, die Tomate wird in der Küche sehr vielseitig und abwechslungsreich eingesetzt. Bei der Verwendung in der Küche stellt die Tomate keine allzu große Anforderung:

Tomate kurz unter fließendem Wasser waschen.

Stielansatz entfernen und die Frucht je nach Rezept weiterverarbeiten. Bei vielen Rezepten wird die Tomate geschält verwendet. Dazu wird die vorbereitete Tomate an der Oberseite kreuzweise eingeritzt. Anschließend die Tomaten in kochendem Wasser 10 Sekunden blanchieren, abtropfen lassen und in Eiswasser legen.

Aus dem Wasser nehmen und die Haut mit einem kleinen spitzen Messer abziehen.

Der Geschmack der Tomaten ist von der Garzeit abhängig. Wenn sie frisch, also roh, oder nur leicht gegart verwendet

werden, bleibt ihr delikates Aroma am besten erhalten. Der Geschmack kann außerdem noch durch verschiedene Kräuter wie Oregano, Basilikum, Thymian usw. intensiviert werden.

Tomaten sind kälteempfindlich und gehören deshalb nicht in den Kühlschrank, auch nicht ins Gemüsefach. Sie sollten bei Zimmertemperatur am besten an einem dunklen Platz aufbewahrt werden. So entfalten sie ihr volles Aroma. Tomaten nicht gemeinsam mit anderen reifen Gemüsesorten wie z.B. Salatgurken lagern. Die roten Früchte geben ein natürliches Reifegas (Äthylen) ab, das Gurken leicht weich werden lässt.

Frische Früchte innerhalb von vier bis fünf Tagen aufbrauchen. Licht, Wärme und Sauerstoff verringern sonst den Gehalt an Nährstoffen.

Die Tomate lässt sich außerdem sehr vielseitig verwenden, sowohl für kalte als auch warme Gerichte. Sie können daher täglich variieren: Essen Sie beispielsweise Tomaten als Salat, eingelegt, als Suppe oder Gemüseeintopf, gegrillt, überbacken, gefüllt oder verwenden Sie Tomaten als Garnitur. Und wie wär's zur Abwechslung mal mit einem Tomatensaft?

MELANZANE
(AUBERGINEN, EIERFRÜCHTE)

Die ursprüngliche Heimat ist Asien. Die Portugiesen brachten die Melanzane im 17. Jahrhundert nach Europa.

Familie:
Die Melanzane, auch Auberginen oder Eierfrüchte genannt, gehören, wie auch die Tomaten, zu der großen Gruppe der Nachtschattengewächse. Wie der Name schon verrät, wachsen diese Pflanzen nachts, weswegen sie ihren geheimnisvollen Namen haben.
Melanzane sind große, längliche, keulenförmige Früchte mit ihrer unverkennbaren dunkellila bis fast schwarzen Farbe und ihrer hochglänzenden Schale.
Es gibt aber auch weiße, lavendelfarbene und hellbraune Sorten, bisweilen mit dickerer Schale und festerem Fruchtfleisch.
Das Fruchtfleisch ist weiß und sollte keine braunen Flecken aufweisen. Das ist nämlich ein Zeichen dafür, dass die Auberginen überreif sind.

Saison:
Melanzane gedeihen am besten in warmen, südlichen Gebieten, wo sie von Mai bis Oktober geerntet werden.

Gesundheit:
Melanzane sind reich an Ballaststoffen und enthalten als Mineralstoffe Kalium, Kupfer und Mangan.
Kalium ist unter anderem wichtig für unser Nervensystem, Kupfer unterstützt die Aufnahme von Eisen und Mangan ist Bestandteil einiger Enzyme. Wie Tomaten enthalten auch Auberginen das natürliche Gift Solanin. Es kommt jedoch größtenteils in unreifen Früchten vor und wird zudem beim Kochen zerstört.
Melanzane regen die Gallenbildung an, senken den Cholesterinspiegel und unterstützen die leichte Küche.
100 g Melanzane haben nur ganze 25 kcal.

Qualitätsmerkmale:
- Melanzane sollten zwischen 250 und 750 g wiegen.
- Die Haut der Früchte sollte makellos glatt, prall und glänzend sein, keine braunen Flecken oder weiche Druckstellen aufweisen.
- Der Stielansatz sollte frisch und grün sein.
- Der Reiz der Melanzane liegt in ihrem zart schmelzenden Fleisch und in der leuchtenden Farbe der Schale, die in der Regel mitgegart wird.

Umgang in der Küche:

Wenn es um die Zubereitung von Auberginen geht, scheiden sich die Geister. Die einen salzen die in Scheiben geschnittene Aubergine, um die enthaltenen Bitterstoffe zu lösen, die anderen verarbeiten sie, ohne vorher zu salzen. Notwendig ist das Salzen heutzutage nicht mehr, denn neue Sorten werden ohne Bitterstoffe gezüchtet. Wird die Aubergine jedoch nur kurz gekocht, dann ist das Salzen ein guter Trick, denn es entzieht der Aubergine Wasser und sorgt für eine angenehmere Konsistenz. Damit sich das Fruchtfleisch nicht braun verfärbt, reichen ein paar Spritzer Zitronensaft oder Öl. Im Gegensatz zu den meisten anderen Gemüsesorten sollte man Melanzane nicht roh essen, denn sie enthalten den Giftstoff Solanin, der aber beim Kochen verringert wird. Aufgrund des Solanins sollten auch nur reife Auberginen in der Küche verwendet werden. Sie erkennen eine reife Aubergine an der glänzenden, glatten Haut. Das Fruchtfleisch gibt unter sanftem Fingerdruck leicht nach.

Melanzane besitzen keinen intensiven Eigengeschmack, deshalb ist die Verwendung von erstklassigem Olivenöl, Knoblauch und sehr vielen Kräutern notwendig.

ABKÜRZUNGEN

Wenn man Zucchini, Tomaten und Melanzane in ihrer jeweiligen Saison kauft, kann man sicher sein, die beste Qualität zu erhalten. Außerdem ist ihr Aroma zu diesem Zeitpunkt am intensivsten und der Nährstoffgehalt am idealsten. Alle drei Gemüsesorten können auch gut konserviert werden.
Zucchini, Tomaten und Melanzane können in der Küche sehr vielseitig und abwechslungsreich eingesetzt werden.

kg	=	Kilogramm
g	=	Gramm
EL	=	Esslöffel
TL	=	Teelöffel
Pkg.	=	Packung
l	=	Liter
ml	=	Milliliter

GLOSSAR

Blaukraut	=	Rotkohl
Faschiertes	=	Hackfleisch
Germ	=	Hefe
Karfiol	=	Blumenkohl
Marille	=	Aprikose
Pignoli	=	Pinienkerne
Schwarzbeeren	=	Heidelbeeren
Dotter	=	Eigelb
Eiweiß	=	Eiklar
Peperoni	=	Paprikaschote

Rezeptangaben für 4–6 Personen

TOMATEN-BOHNEN-SALAT MIT THUNFISCH

1. Bohnen waschen, putzen, in Salzwasser kernig weich kochen und dann in kaltem Wasser abschrecken. Bohnen anschließend schräg in Stücke schneiden.

2. Tomaten waschen, entstielen und in Stücke schneiden. Thunfisch ebenfalls in Stücke schneiden.

3. Für die Marinade alle Zutaten gut vermischen. Bohnen, Tomaten und Thunfisch in eine Schüssel geben, mit der Marinade gut vermengen und etwas durchziehen lassen. Mit Vollkorn- oder Weißbrot servieren.

Zutaten

300 g frische grüne Bohnen
300 g Tomaten (Black Cherry, Cocktailtomaten, Datterini, Green Zebra, Lemon Fresh)
300 g Thunfisch in Olivenöl

Marinade:
4 EL Olivenöl
2 EL Champagner- oder Weißweinessig
1 TL Bauernsenf
1 EL fein gehackte Petersilie
etwas Bohnenkraut
einige Basilikumblätter
Salz, Pfeffer aus der Mühle

GEMÜSETELLER MIT FRISCHKÄSE

Zutaten
2 Bund frischer Rucola
12 kleine Tomaten
(Datterini, Black
Ethiopian, Black Cherry,
Gelbe Johannisbeere,
Yellow Submarine)
2 kleine grüne oder gelbe
Zucchini
1/2 EL Olivenöl
Blütensalz aus der Mühle
etwas Rosmarin

Marinade:
Blütensalz aus der Mühle
1 EL Honig
2 EL Apfelessig
3 EL Olivenöl
5–6 grob zerrissene
Basilikumblätter
320 g Frischkäse

1. Rucola waschen und etwas zerzupfen. Tomaten entstielen und der Größe entsprechend halbieren oder vierteln. Zucchini der Länge nach in ca. 1/2 cm dicke Scheiben schneiden.
2. Olivenöl erhitzen und Zucchinischeiben darin goldgelb anbraten. Zucchini salzen, Rosmarin dazugeben und abkühlen lassen.
3. Für die Marinade alle Zutaten gut vermischen.
4. Gemüse dekorativ anrichten, mit Marinade beträufeln und mit Frischkäse servieren.

Tipp: Mit Mozzarella, gegrillten Speckscheiben oder Pellkartoffeln servieren.

BUNTE TOMATEN MIT ZIEGEN-KÄSE UND GRÜNER SAUCE

1. Tomaten waschen, entstielen und mit dem Ziegenkäse in Scheiben schneiden.
2. Für die Marinade Kapern und Kräuter fein hacken und mit Olivenöl, Senf, Pfeffer und Parmesan vermischen.
3. Tomaten und Ziegenkäse auf Teller aufteilen, mit Marinade beträufeln und mit Walnussbrot servieren.

Zutaten
4 Tomaten (Black Cherry, Cocktailtomaten, Green Zebra, Lemon Fresh)
300 g Ziegenkäse

Marinade:
1 TL Kapern
etwas Petersilie
einige Basilikumblätter
2 Minzeblätter
etwas Schnittlauch
3 EL Olivenöl
1 TL Apfelsenf
Pfeffer aus der Mühle
1 EL geriebener Parmesan

GRÜNER UND GELBER ZUCCHINISALAT

1. Für die Marinade Olivenöl in eine flache Schüssel geben. Zerrissene Minzeblätter, Honig, Salz, Pfeffer, Zitronensaft und fein gehackten Knoblauch dazugeben und alles gut vermischen.

2. Zucchini in Scheiben schneiden und in einer Pfanne auf beiden Seiten etwas andünsten. Zucchinischeiben in die Marinade legen und ca. 30 Minuten durchziehen lassen.

3. Zucchinisalat mit frischem Bauernbrot oder einer Focaccia servieren.

Zutaten

Marinade:
3 EL Olivenöl
frische Minzeblätter
1–2 EL Blütenhonig
Salz, Pfeffer aus der Mühle
Saft von 1 Zitrone
1 Knoblauchzehe

500 g gelbe und
grüne Zucchini
etwas Rapsöl zum
Anbraten

TOMATENSALAT MIT BÜFFELMOZZARELLA UND BASILIKUMSAUCE

Zutaten

ca. 500 g gemischte
Tomaten (Costoluto,
Ochsenherz, Datterini,
Andenhorn, Ananas,
Gelbe Johannisbeere,
 Black Cherry …)
2–3 Büffelmozzarella zu
je ca. 120 g
Vogelsalat zum
Dekorieren

Basilikumsauce:
ca. 20–25 Basilikumblätter
2 EL Pignoli
1 Knoblauchzehe
ca. 250 ml Olivenöl
60 g frisch geriebener
Parmesan
1 Prise Salz

1. Tomaten waschen, entstielen und eventuell in Stücke oder Scheiben schneiden. Mozzarella ebenfalls in Scheiben schneiden.
2. Für die Sauce alle Zutaten im Mixer oder mit dem Stabmixer zu einer eher dickflüssigen Sauce verarbeiten.
3. Tomaten und Mozzarella auf Teller anrichten und mit Basilikumsauce beträufeln. Mit Salat dekorieren und mit einer frisch gebackenen Focaccia servieren.

Tipp: Zum Tomatensalat passt auch sehr gut ein anderer Käse wie z.B. Graukäse, Schafskäse oder ein würziger Bergkäse.

GRAUKÄSE AUF TOMATENCARPACCIO

1. Zwei oder drei der Tomaten mit einem Sägemesser in insgesamt 12 Scheiben schneiden. Rest der Tomaten in sehr feine Würfel schneiden, würzen, mit Olivenöl marinieren und kalt stellen. Graukäse in Würfel schneiden. **2.** Tomatenscheiben auf Teller legen, mit gekühlter Tomatencreme bestreichen und mit Graukäsewürfel bestreuen. Mit Kräutern und Salatblättern dekorieren und mit frischem Brot servieren.

Zutaten
4–5 vollreife Fleisch-
tomaten (Babuschka,
Feuerwerk)
Blütensalz aus der Mühle
Pfeffer aus der Mühle
2–3 EL Olivenöl
4 Graukäsescheiben
einige Thymianzweige
8 Basilikumblätter
Salat zum Garnieren

FRUCHTIGER SOMMERSALAT

1. Salat waschen. Tomaten waschen, entstielen und eventuell halbieren.
2. Vorbereitetes Gemüse auf Tellern anrichten, mit Beeren, Oliven und Eierscheiben belegen.
3. Für die Marinade alle Zutaten gut vermischen.
4. Sommersalat mit Marinade beträufeln und mit Ringelblumen garnieren.

Tipp: Mit Bauernbrot oder Folienkartoffeln servieren.

Zutaten
100 g Vogelesalat
8 rote Cocktailtomaten
oder Datterini
100 g gelbe Johannisbeeren
einige Himbeeren und
Schwarzbeeren
12 schwarze, entsteinte
Oliven
2 gekochte, in Scheiben
geschnittene Eier

Marinade:
3 EL Himbeeressig
3–4 EL Olivenöl
Salz, Pfeffer aus der Mühle
einige Ringelblumenblüten

ZUCCHINI-REIS-SUPPE

1. Schalotte schälen, kleinwürfelig schneiden und in Rapsöl kurz andünsten.

2. Zucchini putzen, in Scheiben schneiden und mit dem Reis zu den Schalotten geben. Mit Flüssigkeit aufgießen und mit Salz und Pfeffer würzen. Suppe zugedeckt ca. 15 Minuten kochen.

3. Abschmecken und mit Zitronenthymian und Parmesan servieren.

Tipp: Suppe mit kleinen Fadennudeln servieren.

Zutaten

1 Schalotte
1/2 EL Rapsöl
450 g kleine grüne oder gelbe Zucchini
100 g Langkornreis
1 l Fleischbrühe oder Wasser
Salz, Pfeffer aus der Mühle
etwas Zitronenthymian
2 EL geriebener Parmesan

SOMMERLICHE GEMÜSESUPPE

Zutaten
1 Zwiebel
200 g Karotten
200 g Kartoffeln
20 grüne Bohnen
3 EL frische oder
tiefgekühlte Erbsen
1 Selleriestange
200 g kleine gelbe oder
grüne Zucchini
4 Cocktailtomaten oder
Datterini
1/2 EL Olivenöl
Salz, Pfeffer aus der Mühle
ca. 1 l Fleischbrühe oder
Wasser zum Aufgießen
1 Lorbeerblatt
Petersilie
Basilikumblätter
einige Majoranblättchen
3 EL geriebener Parmesan

1. Zwiebel und Gemüse kleinwürfelig schneiden. Zwiebel in Olivenöl andünsten. Karotten- und Kartoffelwürfel dazugeben, salzen, pfeffern und gut durchrösten. Anschließend mit Wasser oder Brühe aufgießen, Lorbeerblatt hinzufügen.

2. Gemüse der Garzeit entsprechend hinzufügen (Bohnen, Erbsen, Selleriestange, Zucchini und Tomaten).

3. Suppe insgesamt ca. 40 Minuten kochen. Suppe mit fein gehackten Kräutern und Parmesan bestreut servieren.

Tipp: 60 g Reis oder kleine Suppennudeln mitkochen. Gemüsesorten wie Kohlrabi, Brokkoli oder Melanzane verwenden.

ITALIENISCHER GEMÜSEEINTOPF

1. Zwiebel schälen, kleinwürfelig schneiden und in Olivenöl andünsten. Melanzane und Zucchini putzen und in mittelgroße Würfel schneiden. Tomaten kreuzweise einschneiden, blanchieren, enthäuten, entkernen und in Würfel schneiden.
2. Vorbereitetes Gemüse zu den Zwiebeln geben und mit Wasser aufgießen. Würzen und fein gehackten Knoblauch dazugeben.
3. Eintopf zugedeckt ca. 20 Minuten leicht köcheln. Kräuter hacken und den Eintopf damit abschmecken. Mit Käse bestreut servieren.

Tipp: Zu diesem Gemüseeintopf passen sehr gut überbackene Käsebrötchen. Dafür Brot in Scheiben schneiden, mit Käsewürfel bestreuen und im vorgeheiztem Rohr bei 180 °C ca. 6–8 Minuten überbacken.

Zutaten
1 Zwiebel
1/2 EL Olivenöl
300 g Melanzane
300 g grüne und gelbe Zucchini
450 g reife Fleischtomaten
1 l Wasser
Salz, Pfeffer aus der Mühle
2 Knoblauchzehen
etwas Petersilie
einige Basilikumblätter
4 EL geriebener Parmesan oder Schafskäse

CREMIGE TOMATENSUPPE

1. Schalotte und Speck kleinwürfelig schneiden. Glasig dünsten und geschälte Tomaten- und Kartoffelwürfel dazugeben. Würzen und mit Gemüsebrühe aufgießen.
2. Suppe zugedeckt ca. 20 Minuten kochen, mit dem Mixstab pürieren und anschließend abschmecken. Steif geschlagene Sahne vorsichtig unter die Suppe rühren und mit Basilikumstreifen servieren.

Tipp: Mit geriebenem Parmesan oder getoasteten Weißbrotwürfeln servieren.

Zutaten

1 Schalotte
30 g weißer Speck
400 g vollreife Tomaten oder Cocktailtomaten
2 kleine mehlige Kartoffeln
Salz, weißer Pfeffer aus der Mühle
ca. 1 l Gemüsebrühe
100 ml Sahne
2–3 EL Basilikumstreifen
1 EL steif geschlagene Sahne für die Garnitur

TOMATENCREMESUPPE
MIT MOZZARELLA

Zutaten

1 kg vollreife Fleisch-
tomaten (Babuschka)
2 Schalotten
1–2 Knoblauchzehen
1 EL Rapsöl
5–6 Basilikumblätter
1 kleinen Rosmarinzweig
1 Thymianzweig
1 Lorbeerblatt
1 Prise Zucker
Salz, Pfeffer aus der Mühle
ca. 300 ml Wasser
100 ml steif geschlagene
Sahne
6–7 kleine Mozzarella-
kugeln
2 EL Basilikumstreifen

1. Tomaten entstielen, kreuzweise einschneiden und in kochendes Wasser legen. Einige Minuten ziehen lassen, schälen und in kleine Würfel schneiden. Schalotten und Knoblauch schälen und ebenfalls kleinwürfelig schneiden.

2. Öl erhitzen, Schalottenwürfel dazugeben und kurz andünsten. Knoblauch, Tomaten und Kräuter dazugeben. Mit Zucker, Salz und Pfeffer würzen und mit Wasser aufgießen. Tomatensuppe aufkochen, zudecken und ca. 40 Minuten kochen.

3. Kräuter entfernen, Suppe mit dem Mixstab pürieren und nochmals abschmecken.

4. Steif geschlagene Sahne unterrühren. Suppe auf heiße Teller aufteilen und mit gehackten Mozzarellakugeln und Basilikum bestreuen.

ZUCCHINICREMESUPPE

1. Zwiebel und Kartoffel schälen und in Würfel schneiden. Zwiebel in Olivenöl glasig dünsten, Kartoffelwürfel dazugeben und alles gut durchrösten. Mit Weißwein löschen, die in Scheiben geschnittenen Zucchini dazugeben, würzen und mit Wasser oder Brühe aufgießen.
2. Suppe zugedeckt ca. 20 Minuten kochen, mit dem Mixstab pürieren und abschmecken. Mit Oregano und Käse servieren.

Zutaten
1 Zwiebel
1 mehlige Kartoffel
1/2 EL Olivenöl
etwas Weißwein
3 gelbe oder grüne Zucchini
Salz, Pfeffer aus der Mühle
1 Prise Muskatnuss
1 l Wasser oder Gemüsebrühe zum Aufgießen
1 TL frisch geschnittener Oregano
3 EL geriebener Parmesan

KALTE TOMATENSUPPE

1. Tomaten waschen, entstielen, vierteln und Kerne entfernen.
2. Schalotten- und Knoblauchwürfel in 1/2 EL Olivenöl kurz andünsten. Tomaten dazugeben und kurz mitdünsten. Im Mixer mit Balsamicocreme und Basilikumblättern fein pürieren und gleichzeitig langsam Fleischbrühe und Olivenöl einlaufen lassen.
3. Tomatensuppe durch ein Sieb streichen und auf Eiswasser kalt rühren.
4. Suppe mit Tabasco etwas pikant abschmecken, in Gläser einfüllen und mit Basilikum und Olivenöl garniert servieren.

Zutaten
900 g rote Datterini oder Cocktailtomaten
2 kleine Schalotten
1 Knoblauchzehe
2 EL Olivenöl
1 EL Balsamicocreme
6–8 Basilikumblätter
150 ml Fleischbrühe
Blütensalz aus der Mühle
2 Tropfen Tabasco
Basilikumstreifen und Olivenöl zum Garnieren

GEFÜLLTE KLEINE TOMATEN IM GLAS

1. Tomaten waschen, Stielansatz entfernen und jeweils einen kleinen Deckel abschneiden. Tomaten mit einem Löffel aushöhlen und mit der Öffnung nach unten auf Küchenpapier setzen und abtropfen.

2. In der Zwischenzeit die Fülle zubereiten, dafür Schnittlauch, Oliven, getrocknete Tomatenhälften und Knoblauchzehen fein hacken und mit Käse bzw. mit zerhacktem Thunfisch gut vermischen. Mit Salz und Pfeffer abschmecken und eventuell mit etwas Milch glatt rühren.

3. Fülle in einen Spritzsack mit glatter Tülle geben und in die ausgehöhlten Tomaten spritzen.

4. Tomaten in saubere und heiß gespülte Gläser schichten. Etwas Thymian darüberstreuen, mit Olivenöl bedecken und mit einem sauberen Deckel gut verschließen. In den Kühlschrank stellen und etwas durchziehen lassen.

Zutaten

Für 2 Gläser zu je ca. 200 ml

ca. 16 kleine feste rote
Cocktailtomaten
1 kleinen Thymianzweig

Fülle:
etwas Schnittlauch
6–8 grüne Oliven
4–5 getrocknete
Tomatenhälften
2 geschälte Knoblauch-
zehen
500 g Ziegenkäse bzw.
Ricotta oder Thunfisch
Salz, Pfeffer aus der Mühle
ev. 1–2 EL Milch
Olivenöl zum Auffüllen

TOMATENCHUTNEY

Zutaten
Für 4 Gläser zu je ca. 200 ml

1,3 kg vollreife Tomaten
(San Marzano, Ananas,
Feuerwerk, Roma)
1 kleine Zwiebel
1 Knoblauchzehe
1 rote Peperoni
1 gelbe Peperoni
400 g Zucker
600 ml Weißweinessig

1. Tomaten waschen, kreuzweise einschneiden und kurz mit kochendem Wasser überbrühen. Dann sofort in kaltes Wasser geben und die Haut abziehen. Tomaten in kleine Würfel schneiden.
2. Zwiebel und Knoblauch schälen und ebenfalls in kleine Würfel schneiden. Peperoni halbieren, Samen und Scheidewände entfernen und in kleine Würfel schneiden.
3. Tomaten, Knoblauch, Zwiebel und Peperoni in einen großen breiten Topf geben und etwas andünsten. Zucker und Weißweinessig dazugeben, gut umrühren und ca. 70 Minuten dünsten, dabei gelegentlich umrühren.
4. Das Chutney in saubere, heiße Gläser einfüllen und mit einem heißen Deckel fest verschließen.

Tipp: Nach dem Öffnen gekühlt aufbewahren.

TOMATEN-MARILLEN-CHUTNEY

1. Marillen waschen, entsteinen und in kleine Würfel schneiden. Tomaten ebenfalls waschen, entstielen und in kleine Würfel schneiden.
2. In einen Topf Zucker, Weißweinessig und Salz erhitzen und etwas einkochen.
3. Die in kleine Würfel geschnittenen Schalotten sowie die Zimtrinde hinzufügen und so lange kochen, bis die Schalotten weich gekocht sind.
4. Marillen- und Tomatenstücke dazugeben und so lange kochen, bis das Chutney schön sämig ist. Mit Pfeffer abschmecken, in saubere, heiß ausgespülte Gläser füllen und mit einem heißen Deckel gut verschließen.

Zutaten
Für 4 Gläser zu je ca. 200 ml

500 g reife Marillen
350 g rote Cocktailtomaten oder Datterini
300 g Zucker
300 ml Weißweinessig
Blütensalz aus der Mühle
2 Schalotten
1 Zimtrinde
Pfeffer aus der Mühle

KALTE TOMATENSAUCE

1. Tomaten waschen, kreuzweise einschneiden, im kochenden Wasser überbrühen, schälen und in sehr kleine Würfel schneiden.
2. Knoblauch schälen und sehr fein hacken. Alle Zutaten miteinander vermischen und einige Stunden kühl stellen.
3. Diese Sauce kann als Antipasto oder für Bruschette verwendet werden.

Zutaten
Für 4 Gläser zu je ca. 200 ml

2 kg reife Tomaten (Andenhorn, San Marzano, Roma)
3 Knoblauchzehen
3 EL Basilikumstreifen
Salz, Pfeffer aus der Mühle
3–4 EL Olivenöl

MELANZANE IN OLIVENÖL

1. Melanzane in Stücke schneiden, leicht salzen und etwas ziehen lassen. Mit Küchenpapier die Melanzane trocken tupfen.
2. Wasser und Essig aufkochen, Melanzane darin ca. 7 Minuten ziehen lassen, abseihen, auf sauberem Geschirrtuch ausbreiten und über Nacht trocknen lassen.
3. Kräuter und Knoblauch fein hacken und den Knoblauch unter die Kräuter mischen. Jeweils eine Lage Melanzane und eine Lage Kräuter dicht einfüllen. Gläser mit Olivenöl gut abdecken und verschließen. Nach 1–2 Tagen kontrollieren und eventuell noch etwas Olivenöl nachgießen. Gläser dunkel und kühl lagern.

Zutaten
Für 4 Gläser zu je ca. 200 ml

700 g Melanzane
Salz
1/2 l Wasser
1/2 l Weißweinessig
Basilikumblätter
Oregano
einige Knoblauchzehen
Olivenöl zum Auffüllen

ZUCCHINI-TOMATEN-KONFITÜRE

Zutaten

Für 4 Gläser zu je ca. 200 ml

1 kg vollreife Tomaten (San Marzano, Ananas, Feuerwerk, Roma)
4–5 kleine grüne Zucchini
1 EL Rapsöl
1 kleiner Rosmarinzweig
1 kleiner Thymianzweig
1 Knoblauchzehe
Salz
400 g Zucker
einige Basilikumblätter
Olivenöl zum Auffüllen

1. Tomaten waschen, kreuzweise einschneiden und kurz mit kochendem Wasser überbrühen. Dann sofort in kaltes Wasser geben und die Haut abziehen. Tomaten in kleine Würfel schneiden. Zucchini putzen, waschen und ebenfalls in kleine Würfel schneiden.

2. Zucchini in einer Pfanne mit etwas Rapsöl gut anrösten. Tomatenwürfel, Gewürze und Kräuter dazugeben und alles ca. 10 Minuten köcheln lassen.

3. Zucker untermischen und alles nochmals ca. 15 Minuten kochen.

4. Konfitüre in saubere, heiße Gläser einfüllen und jeweils ein Basilikumblatt auf die eingefüllte Konfitüre legen. Mit Öl abschließen und mit einem heißen, sauberen Deckel fest verschließen.

GRÜNE TOMATENKONFITÜRE

1. Tomaten waschen, in kleine Würfel schneiden und mit den restlichen Zutaten gut vermischen. Tomatengemisch ca. 1/2 Tag durchziehen lassen.
2. Tomatensaft abgießen, aufkochen und ca. 20 Minuten kochen lassen. Dabei immer wieder umrühren. Anschließend Tomaten hinzufügen und weitere 15 Minuten kochen.
3. Konfitüre in heiße, saubere Gläser einfüllen und mit einem heißen Deckel verschließen.

Zutaten
Für 4 Gläser zu je ca. 200 ml

1 1/2 kg grüne Tomaten
(Sardische Tomaten)
600 g Zucker
Pfeffer aus der Mühle
ca. 1 EL frisch geriebener
Ingwer

ZUCCHINI IN OLIVENÖL

1. Weißweinessig mit Wasser und Gewürzen zum Kochen bringen.
2. Zucchini in Scheiben schneiden und für ca. 6 Minuten im Sud kochen.
3. Zucchini abseihen und in saubere, heiße Gläser mit den Kräutern und Knoblauchscheiben einschichten. Mit Olivenöl bedecken und gut verschließen.
4. Nach 1–2 Tagen kontrollieren und eventuell etwas Olivenöl nachgießen.

Zutaten
Für 4 Gläser zu je ca. 200 ml

50 ml Weißweinessig
100 ml Wasser
4 Pfefferkörner
2 Gewürznelken
700 g kleine feste grüne Zucchini
1 Rosmarinstängel
5–6 Salbeiblätter
3 Knoblauchzehen
Olivenöl zum Auffüllen

GEMÜSE-ANTIPASTO

Zutaten
Für 4 Gläser zu je ca. 200 ml

3 1/2 kg Fleischtomaten
(Ananas, Babuschka)
1/8 l Wasser
800 g grüne Bohnen
600 g Karotten
800 g kleine Karfiolrosen
600 g gelbe und rote
Peperoni
120 g Kräutersenf
3 Gewürznelken
1/8 l Olivenöl
1/4 l Essig
60 g Salz
60 g Zucker

1. Tomaten waschen, kreuzweise einschneiden und kurz mit kochendem Wasser überbrühen. Dann sofort in kaltes Wasser geben und die Haut abziehen. Tomaten in kleine Würfel schneiden und in einer Kasserolle mit Wasser für ca. 40 Minuten kochen.

2. Tomaten mit dem Mixstab pürieren und Karotten und Paprika in Stäbchen schneiden, Bohnen zwei- bis dreimal quer durchschneiden.

3. Zu den pürierten Tomaten Senf, Gewürznelken, Öl, Essig, Salz, Zucker, Bohnen und Karotten geben und 30 Minuten kochen. Karfiolrosen und Peperoni dazugeben und weitere 15 Minuten kochen.

4. Antipasto noch heiß randvoll in saubere, heiße Gläser füllen und mit einem heißen Deckel verschließen.

Tipp: Zu diesem Antipasto passt sehr gut ein Käseteller und das Gericht kann auch mit Nudeln oder mit Reis gemischt werden.

TOMATENSAUCE

1. Schalotten und Knoblauch schälen und fein schneiden. Olivenöl leicht erhitzen und Schalotten und Knoblauch darin kurz anschwitzen.

2. Tomaten waschen, kreuzweise einschneiden, im kochenden Wasser überbrühen, schälen und in Würfel schneiden. Tomatenwürfel zu den Schalotten geben, mit Salz, Pfeffer, Zucker, Oregano und Majoran würzen und zugedeckt ca. 40 Minuten dünsten.

3. Nachher eventuell mit dem Mixstab pürieren, abschmecken und heiß in saubere Gläser einfüllen. Tomatensauce ca. 1 cm bis unter den Rand einfüllen, Basilikumblätter darauflegen und randvoll mit Olivenöl bedecken. Mit sauberem, heißem Deckel verschließen und abkühlen lassen.

Tipp: Diese Tomatensauce kann für Nudelgerichte oder auch für Pizza verwendet werden.

Zutaten

Für 4 Gläser zu je ca. 200 ml

2 Schalotten
2 Knoblauchzehen
2 EL Olivenöl
2 kg reife Tomaten (Andenhorn, San Marzano, Roma)
Salz, Pfeffer aus der Mühle
1 Prise Zucker
1 TL Oregano
einige Majoranblätter
15 Basilikumblätter
Olivenöl zum Auffüllen

GETROCKNETE TOMATEN IN OLIVENÖL

1. Tomaten waschen, abtrocknen und halbieren. Tomaten mit der Schnittfläche nach oben zum Trocknen an die Sonne legen (mit leichter Gaze abdecken) oder in den Dörrapparat geben. Knoblauch in Scheiben schneiden.

2. Gut getrocknete Tomaten lagenweise mit Kräuter und Knoblauch in Schraubgläser einschichten. Mit Olivenöl gut abdecken und verschließen. Nach 1–2 Tagen kontrollieren und falls erforderlich etwas Olivenöl nachgießen.

Zutaten

Für 4 Gläser zu je ca. 200 ml

1 kg Cocktailtomaten oder Datterini
einige Knoblauchzehen
1 kleiner Thymianzweig
1 Rosmarinzweig
14 Basilikumblätter
Olivenöl zum Auffüllen

HÄHNCHEN NACH GÄRTNERINNENART

Zutaten

4 Hühnerkeulen
Salz, Pfeffer aus der Mühle
1/2 TL mildes Paprikapulver
etwas Olivenöl
2 Rosmarinzweige
1 Karotte
3 Kartoffeln
2 grüne Zucchini
4–5 Cocktailtomaten oder
Datterini
Salz, Pfeffer aus der Mühle
1 kleiner Thymianzweig
2 EL fein gehackte
Petersilie

1. Hühnerkeulen unter fließendem Wasser abspülen, mit Küchenpapier trockentupfen und mit Salz, Pfeffer und Paprikapulver einreiben.
2. In eine feuerfeste Form etwas Olivenöl geben, Hühnerkeulen und Rosmarinzweige dazugeben. Ins vorgeheizte Rohr bei ca. 180 °C schieben und ca. 15 Minuten anbraten lassen. In der Zwischenzeit Karotte sowie Kartoffeln schälen und gemeinsam mit den Zucchini in gleichmäßige Würfel oder Stifte schneiden. Tomaten entstielen und vierteln.
3. Hühnerkeulen wenden, vorbereitetes Gemüse dazugeben, würzen und wiederum für 30 Minuten ins Rohr schieben. Eventuell mit etwas Wasser aufgießen.
4. Hühnerkeulen und Gemüse mit Petersilie bestreut servieren.

Tipp: Frühlingszwiebel und Peperoni mitkochen.

ZUCCHINI-THUNFISCH-TÖRTCHEN

1. Tomatensauce aus Zwiebel, geschälten Tomatenwürfeln, Gewürzen und Kräutern zubereiten (siehe Seite 45) und ca. 25 Minuten dünsten.

2. Zucchini in dünne Scheiben schneiden und im heißen Olivenöl etwas anrösten, mit Salz und Pfeffer würzen.

3. Thunfischfilet in ca. 1/2 cm dicke Scheiben schneiden. Feuerfeste Form mit Butter befetten und mit etwas Tomatensauce bestreichen. Thunfischscheiben daraufsetzen und salzen. Tomatensauce und Zucchini übereinander schichten. Im vorgeheizten Rohr bei ca. 180 C 5–6 Minuten überbacken und mit Basilikum servieren.

Zutaten
Sauce:
1 Zwiebel
500 g Tomaten (San Marzano, Pelati)
Salz, Pfeffer aus der Mühle
2 EL gehackte Petersilie

300 g grüne Zucchini
etwas Olivenöl
Salz, Pfeffer aus der Mühle
400 g Thunfischfilet
Butter für die Form
Salz
4–5 grob zerrissene Basilikumblätter

SPECK-KARTOFFEL-CARPACCIO MIT TOMATEN-BASILIKUM-MARINADE

1. Für die Marinade Tomaten entstielen, waschen und sehr fein hacken. Getrocknete Tomaten ebenfalls sehr fein hacken. Mit Basilikumstreifen und den restlichen Zutaten gut vermischen. Marinade etwas durchziehen lassen.

2. Kartoffel- und Speckscheiben abwechselnd übereinander auf Teller geben. Tomatenmarinade darübergeben und sofort servieren. Dazu passt sehr gut ein frisch gebackenes Vollkorn- oder Weißbrot.

Zutaten

Marinade:
8 10 reife Datterini oder Cocktailtomaten (Gelbe Johannisbeere, Roma)
einige getrocknete Cocktailtomaten
6–8 Basilikumblätter
3 EL Olivenöl
Salz, Pfeffer aus der Mühle

12 kross gebratene Kartoffelscheiben
12 dünn geschnittene Speckscheiben

MELANZANE
MIT FASCHIERTER FÜLLE

Zutaten

2 kleine runde Melanzane
150 g Fleischtomaten
1 kleine Zwiebel
250 g Rindsfaschiertes
1 Knoblauchzehe
Salz, Pfeffer aus der Mühle
Oregano
1 Thymianzweig
Butter für die Form
ca. 1/8 l Fleischbrühe

1. Melanzane waschen, Stielansatz abschneiden, längs halbieren und so aushöhlen, dass ein 2 cm dicker Rand stehenbleibt. Herausgelöstes Fruchtfleisch würfelig schneiden. Tomaten überbrühen, enthäuten und kleinwürfelig schneiden.
2. Zwiebel ebenfalls würfelig schneiden und anrösten. Faschiertes und fein gehackte Knoblauchzehe dazugeben und gut durchrösten. Gewürze, Kräuter, Melanzane-, und Tomatenwürfel dazugeben und ca. 15 Minuten dünsten.
3. Feuerfeste Form mit Butter bestreichen, Melanzane hineinsetzen und mit Faschiertem füllen.
4. Fleischbrühe darübergießen und im vorgeheizten Rohr bei 200 °C ca. 20 Minuten garen.

KALBSGULASCH MIT ZUCCHINI

1. Fleisch in kleine Würfel schneiden. Karotten, Zwiebel, Staudensellerie und Knoblauch fein hacken. Kartoffeln schälen und in kleine Würfel schneiden.

2. Fleisch im heißen Olivenöl gut anbraten, mit Salz und Pfeffer würzen und mit Weißwein und Brühe löschen. Rosmarin und Kartoffelwürfel dazugeben und zugedeckt schmoren.

3. Tomaten enthäuten, entkernen und würfelig schneiden. Zucchini in 1/2 cm breite Scheiben schneiden und gemeinsam mit den Tomatenwürfeln zum Gulasch geben. Gulasch noch ca. 15 Minuten schmoren.

Zutaten

400 g Kalbfleisch (Schulter, Brust, Hals)
1 Karotte
1 Zwiebel
1 Staudenselleriestange
2 Knoblauchzehen
300 g festkochende Kartoffeln
etwas Olivenöl
1/8 l Weißwein
1/8 l Fleischbrühe
1 kleiner Rosmarinzweig
300 g Fleischtomaten (Feuerwerk, Babuschka)
300 g kleine grüne Zucchini
Salz, Pfeffer aus der Mühle

GOLDBRASSE
MIT TOMATEN-OLIVEN-SALAT

1. Für die Marinade alle Zutaten gut vermischen. Backofengrill auf 220° C vorheizen.

2. Backblech mit Alufolie belegen und die geputzten Fischfilets mit der Hautseite nach unten aufs Blech legen. Filets mit der Marinade bestreichen und mit etwas Weißwein begießen. Ca. 10–12 Minuten grillen und dann aus dem Backofen nehmen.

3. In der Zwischenzeit Tomaten entstielen, in Scheiben schneiden, mit Oliven, Kapern, Basilikum, Koriander, Olivenöl und Gewürzen gut vermischen.

4. Fischfilets auf vorgewärmte Teller geben und mit der Tomaten-Oliven-Sauce servieren.

Zutaten

4 Goldbrassenfilets zu je
ca. 140 g
Weißwein zum Begießen

Marinade:
etwas Olivenöl
3 EL gehacktes Koriander-
grün
1 gehackte Knoblauchzehe
1 TL Zitronensaft
Salz, Pfeffer aus der Mühle

Tomatensalat:
16 Datteltomaten (Dat-
terini, Black Cherry oder
Gelbe Johannisbeere)
12 entsteinte, schwarze
oder grüne Oliven
3–4 EL grüne Kapern
1 EL Basilikumstreifen
1 EL gehacktes Koriander-
grün
1 EL Olivenöl
Salz, Pfeffer aus der Mühle

MELANZANE-LAMM-GULASCH

Zutaten

250 g Melanzane
1 Zwiebel
500 g Lammschulter
(ohne Knochen)
3 Tomaten (San Marzano,
Roma, Andenhorn)
1 EL Olivenöl
2 Knoblauchzehen
Salz, Pfeffer aus der Mühle
ca. 350 ml Fleischbrühe
oder Wasser
1 Thymianzweig
etwas Majoran

1. Melanzane waschen und in Würfel schneiden.
2. Zwiebel und Lammfleisch in kleine Würfel schneiden. Tomaten enthäuten und in kleine Würfel schneiden.
3. Zwiebel in etwas Olivenöl anrösten, fein gehackten Knoblauch und Fleisch dazugeben. Von allen Seiten gut anbraten, Tomatenwürfel und Knoblauch dazugeben, salzen, pfeffern und mit Wasser oder Fleischbrühe aufgießen. Zugedeckt ca. 30 Minuten dünsten.
4. Melanzanewürfel, fein gehackten Thymian und Majoran dazugeben und nochmals für ca. 30 Minuten garen.

Tipp: Mit Polenta oder Petersilkartoffeln servieren.
Dieses Gericht schmeckt auch mit Kalbfleisch sehr gut.

KABELJAUFILET AUF GEMÜSE

1. Gemüse waschen, putzen und in gleichmäßige Stifte oder Würfel schneiden. Zwiebel kleinwürfelig schneiden und Knoblauch fein hacken. Tomaten enthäuten, entkernen und in Spalten schneiden. Zwiebel in etwas Olivenöl anrösten, dann das Gemüse der Garzeit entsprechend dazugeben und gut durchrösten. Mit Gemüsebrühe aufgießen, salzen, pfeffern und zugedeckt ca. 25 Minuten dünsten.
2. Für die letzten 10 Minuten Tomatenspalten und fein gehackte Kräuter hinzufügen.
3. Fischfilet säubern, würzen und auf einer Seite bemehlen. Mit der bemehlten Seite in einer Pfanne mit etwas Olivenöl goldgelb anbraten. Wenden und bei geringer Hitze fertig braten.
4. Gemüse auf Teller anrichten und die Fischfilets daraufsetzen. Als Beilage eignen sich Kartoffeln, Reis oder Blattsalate.

Tipp: Anstelle des Kabeljaus können Sie auch andere Fischfilets verwenden.

Zutaten

160 g grüne oder gelbe Zucchini
120 g Lauch
80 g Melanzane
80 g Karotten
50 g Sellerieknolle
1 Zwiebel
2 Knoblauchzehen
3 Fleischtomaten
etwas Olivenöl
300 ml Gemüsebrühe
Salz, Pfeffer aus Mühle
Basilikum
Petersilie
1 Thymianzweig
4 Kabeljaufilets zu je ca. 140 g
Salz, Pfeffer aus Mühle
etwas Mehl
Olivenöl

GEGRILLTE MELANZANE
MIT GRANATAPFELMARINADE

Zutaten
2–3 kleine feste Melanzane
1–2 EL Olivenöl
Salz, Pfeffer aus der Mühle
2 EL gehackte Petersilie
250 g Schafskäse
frische Granatapfelkerne
zum Bestreuen

Marinade:
3 EL Zitronen-Olivenöl
(oder Olivenöl)
2–3 EL Granatapfel-
Balsamicoessig oder
Balsamicoessig
Salz

1. Melanzane waschen, entstielen und in ca. 1 cm dicke Scheiben schneiden. Mit Öl bepinseln, mit Salz und Pfeffer würzen. Grillpfanne erhitzen und Melanzanescheiben scharf von beiden Seiten anbraten.

2. Für die Marinade Zitronen-Olivenöl mit Essig und Salz gut vermischen. Marinade etwas durchziehen lassen.

3. Gegrillte Melanzanescheiben auf Teller geben, Petersilie und Schafskäse darüberstreuen. Mit der vorbereiteten Marinade beträufeln, Granatapfelkerne darübergeben und sofort servieren. Dazu schmeckt sehr gut ein Knoblauchbrot.

Tipp: Melanzanescheiben vor dem Anbraten mit gehacktem Knoblauch bestreuen.

GEFÜLLTE ZUCCHINI

1. Zucchini waschen und längs halbieren. Mit einem Teelöffel etwas aushöhlen und das Fruchtfleisch kleinwürfelig schneiden.

2. Schalotten würfelig schneiden und gemeinsam mit dem Zucchinifruchtfleisch in Olivenöl andünsten, Reis dazugeben und mit Wasser aufgießen. Reis zugedeckt dünsten.

3. In der Zwischenzeit Tomaten waschen, entstielen, Tomaten und Käse in Würfel schneiden. Gegarten Reis mit Tomaten- und Käsewürfel, Gewürzen und Kräutern mischen.

4. Zucchinihälften in eine befettete, feuerfeste Form setzen, Reisfülle hineingeben und mit Parmesan bestreuen. Im vorgeheizten Rohr bei 180 °C ca. 20–25 Minuten überbacken.

Zutaten

4 kleine grüne Zucchini
1 Schalotte
etwas Olivenöl
50 g Langkornreis
200 ml Wasser
200 g Cocktailtomaten
100 g Bergkäse oder
Stilfser Käse
Salz, Pfeffer aus der Mühle
2 EL Basilikumstreifen
1 EL fein geschnittene
Petersilie
Butter für die Form
3–4 EL geriebener
Parmesan

ZUCCHINITORTE

Zutaten

1 kg kleine grüne Zucchini
1 EL Olivenöl
400 g frischer Blätterteig
1 Dotter
2 EL fein gehackte Petersilie

Sauce:
40 g Butter
40 g Mehl
ca. 1/4 l Milch
Salz, Pfeffer aus der Mühle
frisch geriebene Muskatnuss
80 g geriebener Parmesan

1. Zucchini kleinwürfelig schneiden und in Olivenöl kurz andünsten.
2. Béchamelsauce zubereiten, dafür Butter schmelzen, Mehl einrühren, mit heißer Milch aufgießen und einige Minuten kochen. Sauce mit Salz, Pfeffer, Muskatnuss und Parmesan abschmecken.
3. Blätterteig auswalken, rund ausschneiden und in eine Tortenform geben. Für den Tortenrand einen Teigstreifen abschneiden und an den Rand geben. Béchamelsauce mit Zucchini, Dotter und Petersilie vermischen.
4. Zucchinisauce in die vorbereitete Form füllen und im vorgeheizten Rohr bei 180 °C ca. 40 Minuten backen.
5. Zucchinitorte in Stücke schneiden und mit Tomatensauce (siehe Seite 45) servieren.

ZUCCHINI-MELANZANE-EINTOPF

1. Schalotten schälen, kleinwürfelig schneiden und in Öl andünsten.

2. Peperoni von Stielen und Kernen befreien und in Würfel schneiden. Melanzane in ca. 2 cm große Würfel schneiden. Fein gehackten Knoblauch, Peperoni- und Melanzanewürfel zu den Schalotten geben und mit Weißwein löschen. Mit Salz und Pfeffer würzen, eventuell etwas aufgießen und ca. 10 Minuten zugedeckt dünsten.

3. Zucchini in Scheiben schneiden, Tomaten schälen und in Würfel schneiden. Tomaten und Zucchini zu den Peperoni geben und nochmals für ca. 15 Minuten dünsten. Mit fein gehackten Kräutern bestreuen.

Tipp: Mit Kartoffelgerichten servieren.

Zutaten
2 Schalotten
1/2 EL Rapsöl
1/2 rote Peperoni
1/2 gelbe Peperoni
250 g Melanzane
2 Knoblauchzehen
Weißwein zum Löschen
Salz, Pfeffer aus der Mühle
300 g Zucchini
400 g Fleischtomaten
2 EL fein gehackte Petersilie
1 Thymianzweig

ZUCCHINISTRUDEL

Zutaten

300 g Weizen- bzw. Dinkelmehl

2 EL Maiskeimöl

2 TL Essig

Salz

2 Dotter

ca. 1/8 l lauwarmes Wasser

Öl zum Bestreichen

Butter für das Blech und
zum Bestreichen

Fülle:

1 Zwiebel

etwas Olivenöl

400 g grüne und gelbe
Zucchini

100 g Karotten

Salz, Pfeffer aus der Mühle

100 g Landschinken

1 EL Dinkelmehl

1 Dotter

2 EL fein gehackte
Petersilie

1. Aus Mehl, Öl, Essig, Salz, Dotter und Wasser einen seidig glänzenden Strudelteig zubereiten. In eine kleine Schüssel geben, mit Öl bestreichen und zugedeckt an einem warmen Ort ca. 30 Minuten rasten.

2. Für die Fülle Zwiebel kleinwürfelig schneiden und in Olivenöl anrösten. Zucchini und Karotten in Streifen schneiden, zu den Zwiebeln geben und kernig weich dünsten.

3. Fülle etwas abkühlen lassen und anschließend würzen. Schinken würfelig schneiden, gemeinsam mit Mehl, Dotter und Petersilie dazugeben und alles gut vermischen.

4. Strudelteig auf einem bemehlten Tuch sehr dünn auswalken, mit Fülle bestreichen und einrollen. Aufs befettete Blech setzen und mit zerlassener Butter bestreichen.

5. Im vorgeheizten Rohr bei 180 °C ca. 30–35 Minuten backen.

6. Strudel in Stücke schneiden und mit Tomatensauce (siehe Seite 45) servieren.

GEMÜSELAIBCHEN

1. Gemüse waschen, putzen, in kleine Würfel schneiden und in Olivenöl kurz andünsten.
2. Gemüse mit Tomatenwürfeln, Semmelbröseln, Semmelwürfeln, Ei, Parmesan und Gewürzen gut vermengen.
3. Masse zugedeckt 30 Minuten rasten lassen. Aus der Masse mit nassen Händen 8 Laibchen formen und diese in Semmelbrösel wälzen. In einer Pfanne Olivenöl erhitzen und die Laibchen darin anbraten. Bei mäßiger Hitze fertigbraten, dabei eventuell öfters wenden.
4. Mit Tomaten- (siehe Seite 45) oder Gorgonzolasauce servieren.

Zutaten
150 g Kohlrabi
150 g Karotten
150 g kleine grüne Zucchini
1/2 EL Olivenöl
1 Fleischtomate
1–2 EL Semmelbrösel
100 g Semmelwürfel
1 Ei
1 EL geriebener Parmesan
etwas Schnittlauch
4–5 Basilikumblätter
Salz, Pfeffer aus der Mühle
Semmelbrösel zum Wälzen
etwas Olivenöl

REIS-ZUCCHINI-LAIBCHEN

Zutaten
1 Zwiebel
etwas Olivenöl
300 g Reis
450 ml Gemüsebrühe oder
Wasser zum Aufgießen
2 kleine gelbe oder grüne
Zucchini
1 Ei
3 EL geriebener Parmesan
Salz
1 Prise Muskatnuss
Olivenöl für die Pfanne

1. Zwiebelwürfel in Olivenöl etwas anrösten, Reis dazugeben, mit Flüssigkeit aufgießen und ausquellen lassen.
2. Zucchini in kleine Würfel schneiden.
3. Ei, Parmesan, Gewürze und Zucchiniwürfel unter den ausgekühlten Reis mischen.
4. Kleine Laibchen formen und diese in einer Pfanne mit etwas Olivenöl herausbraten.
5. Mit Tomatensauce (siehe Seite 45) und frischen Salat servieren.

Tipp: Käsewürfel unter die Reismasse mischen.

GEFÜLLTE MELANZANE-TASCHEN

1. Melanzane längs in Scheiben schneiden, auf ein befettetes Blech legen, mit wenig Olivenöl beträufeln und bei 180 °C ca. 10 Minuten backen.
2. Zucchini in kleine Würfel schneiden und kernig weich dünsten. Hirse, Zucchini, Kapern und Käsewürfel gut vermischen und mit Kräutern, Salz und Pfeffer abschmecken.
3. Tomaten schälen und in Würfel schneiden.
4. Melanzanescheiben zur Hälfte mit Reisfülle belegen und die andere Hälfte darüberklappen. Feuerfeste Form befetten, Hälfte der Tomatenwürfel darin verteilen und würzen. Melanzanetaschen daraufsetzen. Wenn noch Füllung übrigbleibt, diese auf die Melanzane verteilen und alles mit restlichen Tomatenwürfeln bedecken.
5. Mit Parmesan und Basilikum bestreuen und im vorgeheizten Rohr bei 180 °C ca. 20 Minuten überbacken.

Zutaten
2 längliche Melanzane
etwas Olivenöl
2 kleine grüne Zucchini
200 g gekochte Hirse
2 EL Kapern
100 g Bergkäse
2 EL fein gehackte Petersilie
1 Thymianzweig
Salz, Pfeffer aus der Mühle
400 g Fleischtomaten
Butter für die Form
4 EL geriebener Parmesan
2 EL Basilikumstreifen

GEFÜLLTE ZUCCHINI-ALMKÄSE-SCHEIBEN

Zutaten

350 g gelbe oder grüne
Zucchini
Salz, Pfeffer aus der Mühle
12 dünne Scheiben
Almkäse
einige Majoranblätter
2 Eier
3–4 EL Milch
3 EL geriebener Parmesan
Mehl zum Bestreuen
Backfett
verschiedene Blattsalate
Olivenöl

1. Zucchini in ca. 6 mm dicke Scheiben schneiden und würzen.
2. Zwischen zwei Zucchinischeiben jeweils eine Käsescheibe und einige Majoranblätter legen.
3. Eier mit Milch und Parmesan verquirlen. Gefüllte Zucchinischeiben mit Mehl bestreuen und durch die Eiermilch ziehen.
4. Im heißen Fett schwimmend herausbacken und anschließend auf Küchenpapier gut abtropfen.
5. Blattsalate waschen, auf Teller anrichten und gebackene Zucchinischeiben hineinsetzen. Salate mit Olivenöl beträufeln und sofort servieren.

ÜBERBACKENE ZUCCHINI-REIS-RÖLLCHEN

1. Zucchini der Länge nach mehrmals durchschneiden und in Salzwasser kurz blanchieren.

2. Reis mit Tomatenwürfeln, Kräutern und Gewürzen gut vermischen.

3. Aus der Reismasse kleine Nocken formen und diese mit Zucchinischeiben umwickeln. Feuerfeste Form befetten, Röllchen hineinlegen und mit Parmesan bestreuen. Im vorgeheizten Rohr bei 180 °C ca. 15 Minuten überbacken.

4. Mit heißer Tomatensauce (siehe Seite 45) und Kartoffeln servieren.

Zutaten

2 mittelgroße Zucchini
100 g gekochter Rund-
kornreis
2 EL fein gehackte Kräuter
(Petersilie, Estragon)
Salz, Pfeffer aus der Mühle
3–4 Cocktailtomaten
Butter für die Form
3–4 EL geriebener
Parmesan

PEPERONATA

Zutaten
1 Zwiebel
1 Knoblauchzehe
etwas Olivenöl
1/2 rote Peperoni
1/2 gelbe Peperoni
300 g kleine grüne oder
gelbe Zucchini
3 reife Tomaten
Salz, Pfeffer aus der Mühle
2 EL gemischte Kräuter (Petersilie, Oregano, Majoran, Basilikum)
1 Thymianzweig

1. Zwiebel in Streifen schneiden und mit fein gehacktem Knoblauch in Olivenöl andünsten.
2. Peperoni entkernen, waschen und in Streifen schneiden. Zucchini in Scheiben schneiden und gemeinsam mit den Peperoni zu den Zwiebeln geben. Nach ca. 15 Minuten Tomatenwürfel dazugeben, würzen und zugedeckt noch weitere 20 Minuten dünsten.

Tipp: Peperonata zu Fleisch- oder Fischgerichten oder auch zu Pellkartoffeln servieren.

OFENTOMATEN MIT KRÄUTERN

1. Tomaten waschen, kreuzweise einschneiden, im kochenden Wasser überbrühen und schälen. Tomaten vierteln und anschließend Kerne und Flüssigkeit entfernen.
2. Tomatenviertel auf ein Backblech legen, Olivenöl, Kräuter und in Scheiben geschnittenen Knoblauch daraufgeben. Mit Salz und Pfeffer würzen. Im vorgeheizten Rohr bei 90 °C ca. 3 Stunden backen.

Zutaten
4 längliche Tomaten (San Marzano, Andenhorn)
2 EL Olivenöl
1 Thymianzweig
1 Rosmarinzweig
2 Knoblauchzehen
Salz, Pfeffer aus der Mühle

SCHMORTOMATEN

1. Tomaten waschen, entstielen, einritzen und in kochendem Salzwasser kurz blanchieren. In Eiswasser legen und sofort schälen.
2. Knoblauchzehen in Scheiben schneiden. Tomaten und restliche Zutaten auf ein Blech legen, mit den restlichen Zutaten gut vermischen und im vorgeheiztem Rohr bei 130 °C ca. 1 Stunde schmoren.

Zutaten
45 kleine Cocktailtomaten oder Datterini
4 Knoblauchzehen
1 Thymianzweig
1 Rosmarinzweig
Blütensalz aus der Mühle
Pfeffer aus der Mühle
1 TL Zucker
2–3 EL Olivenöl

ZUCCHINI-KARTOFFEL-LAIBCHEN

1. Kartoffeln mit der Schale dämpfen, schälen, heiß pressen und auskühlen lassen.
2. Zucchini raspeln, mit Kartoffeln, Schalottenwürfeln, Gewürzen und den restlichen Zutaten gut vermengen. Aus der Masse kleine Laibchen formen und diese in heißem Olivenöl herausbraten.

Tipp: Mit Tomatensauce oder als Beilage zu Fisch oder Fleisch servieren. Schmeckt als Hauptspeise besonders fein mit einer Scheibe Käse überbacken.

Zutaten

500 g mehlige Kartoffeln
400 g kleine grüne Zucchini
1 Schalotte
Salz, Pfeffer aus der Mühle
1 Prise Muskatnuss
2 EL fein gehackte Petersilie
1 Knoblauchzehe
1 Ei
1 EL Semmelbrösel
1 EL Mehl
etwas Olivenöl zum Braten

MELANZANE MIT KNOBLAUCH
UND OLIVENÖL

Zutaten
400 g Melanzane
1–2 EL Olivenöl
Salz, Pfeffer aus der Mühle
1–2 fein gehackte Knob-
lauchzehen
1 EL fein geschnittene
Petersilie

1. Melanzane waschen, putzen und in mittelgroße
Würfel schneiden.
2. In einer Pfanne Olivenöl erhitzen, Melanzane
hineingeben, würzen und ca. 3–4 Minuten
dünsten. Knoblauch und Petersilie hinzufügen,
schwenken und sofort servieren.

Tipp: Diese Melanzane passen sehr gut
zu gegrilltem Hähnchen oder auch zu einem
Naturschnitzel.

ÜBERBACKENE TOMATEN

1. Tomaten waschen, Deckel abschneiden und aushöhlen. Fruchtfleisch fein hacken. Tomaten innen leicht salzen und auf Küchenpapier gut abtropfen lassen.

2. Semmelbrösel, Käse, Petersilie, Knoblauch, Kapern, Salz, Pfeffer und gehacktes Fruchtfleisch gut vermengen.

3. Tomaten in eine befettete, feuerfeste Form setzen, mit der Masse füllen, mit Parmesan bestreuen und mit den Deckeln verschließen.

4. Im vorgeheizten Rohr bei 180 °C ca. 20 Minuten überbacken.

Zutaten

4 mittelgroße Fleisch-
tomaten
Salz
2 EL Semmelbrösel
2 EL geriebener Parmesan
oder Pecorino
2 EL fein geschnittene
Petersilie
2 fein gehackte Knoblauchzehen
1 TL Kapern
Salz, Pfeffer aus der Mühle
Olivenöl für die Form
3–4 EL geriebener
Parmesan

GEFÜLLTE SPINATTOMATEN

1. Tomaten waschen, Deckel abschneiden und aushöhlen. Festes Fruchtfleisch würfelig schneiden. Tomaten innen salzen und zum Abtropfen umgekehrt auf Küchenpapier legen.

2. Schalotte kleinwürfelig schneiden und in etwas Olivenöl andünsten. Gewaschenen Spinat dazugeben, würzen und auskühlen lassen.

3. Spinat, Mozzarella- und Tomatenwürfel vermischen und in die ausgehöhlten Tomaten einfüllen. Semmelbrösel, Parmesan und Petersilie vermischen.

4. Tomaten aufs Blech setzen, mit Bröselmischung bestreuen und im vorgeheizten Rohr bei 180 °C ca. 15 Minuten überbacken.

Tipp: Diese Tomaten sind eine ideale Beilage zu Fleisch- oder Fischgerichten.

Zutaten

4 mittelgroße Fleisch-
tomaten
1 Schalotte
etwas Olivenöl
200 g frischer Spinat
Salz, Pfeffer aus der Mühle
1 Prise Muskatnuss
80 g Mozzarella
1 EL Semmelbrösel
1 EL geriebener Parmesan
2 EL fein gehackte
Petersilie

TOMATEN-ZUCCHINI-FÄCHER MIT MOZZARELLA

Zutaten

4 mittelgroße feste Fleischtomaten
Salz, Pfeffer aus der Mühle
2 kleine grüne Zucchini
2 Mozzarella
1 Knoblauchzehe
3 Basilikumblätter
etwas Oregano
etwas Estragon
etwas Olivenöl

1. Tomaten waschen und ca. 5-mal einschneiden, dabei aber nicht ganz durchschneiden. Zwischenräume salzen und pfeffern.
2. Zucchini in etwa 2 mm dicke Scheiben schneiden, Mozzarella ebenfalls in dünne Scheiben schneiden. Knoblauch und Kräuter fein hacken und miteinander vermischen.
3. Tomaten in eine feuerfeste Form setzen. Zucchini- und Mozzarellascheiben in die Tomatenschlitze stecken. Mit Kräuter-Knoblauch-Mischung bestreuen und mit Olivenöl beträufeln.
4. Im vorgeheizten Rohr bei 180 °C ca. 35–40 Minuten überbacken.

MELANZANERÖLLCHEN
MIT TOMATENSAUCE

1. Melanzane waschen, putzen und längs in ca. 1/2 cm dicke Scheiben schneiden. Petersilie, Basilikum und Knoblauch fein hacken und miteinander vermengen.
2. In einer Pfanne etwas Olivenöl erhitzen und Semmelbrösel kurz anrösten. Semmelbrösel mit Kräuter-Knoblauch-Gemisch, Salz, Pfeffer und Parmesan gut vermischen. Mozzarella in dünne Scheiben schneiden. Kräuterpaste gleichmäßig auf die Melanzanescheiben streichen, mit Mozzarella belegen, aufrollen und mit Zahnstocher feststecken.
3. In einer Pfanne etwas Olivenöl erhitzen und Melanzaneröllchen rundherum knusprig braten.
4. Mit Tomatensauce servieren.

Zutaten
2 längliche Melanzane
(ca. 600 g)
Petersilie
Basilikum
2 Knoblauchzehen
etwas Olivenöl
3 EL Semmelbrösel
Salz, Pfeffer aus Mühle
4 EL geriebener Parmesan
150 g Mozzarella
Olivenöl zum Braten
350 ml Tomatensauce
(siehe Seite 45)

MELANZANE-SCAMORZA-AUFLAUF

1. Melanzane der Länge nach in 1/2 cm breite Scheiben schneiden. Auf ein befettetes Blech legen, salzen, mit wenig Olivenöl beträufeln und für ca. 10 Minuten ins vorgeheizte Rohr bei 180 °C schieben.
2. Scamorza und Eier in Scheiben schneiden.
3. Feuerfeste Form befetten, mit einer Schicht Melanzane auslegen, Scamorza- und Eierscheiben darauflegen, mit Tomatensauce bestreichen und mit Basilikum und Parmesan bestreuen.
So fortfahren, bis alle Zutaten aufgebraucht sind. Mit Tomatensauce und Parmesan abschließen. Im vorgeheizten Rohr bei 180 °C ca. 40 Minuten überbacken und lauwarm servieren.

Zutaten
600 g Melanzane
Salz
etwas Olivenöl
300 g Scamorza
2 hartgekochte Eier
Butter für die Form
500 ml Tomatensauce
(siehe Seite 45)
einige Basilikumblätter
100 g geriebener Parmesan
Olivenöl

ÜBERBACKENER KARTOFFEL-ZUCCHINI-AUFLAUF

1. Kartoffeln schälen und in ca. 2 mm dicke Scheiben schneiden. Zucchini ebenfalls in Scheiben schneiden.

2. Auflaufform mit Butter befetten und abwechselnd Kartoffel- und Zucchinischeiben dachziegelartig einschichten. Sahne und Milch mit Gewürzen und Petersilie vermischen.

3. Auflauf mit dem Gemisch übergießen, mit Parmesan bestreuen und im vorgeheizten Rohr bei 200 °C ca. 20–30 Minuten überbacken.

Tipp: Auflaufform zuerst mit einer Knoblauchzehe ausreiben. Eventuell mit Tomatenscheiben ergänzen.

Zutaten

300 g gekochte Kartoffeln
250 g grüne oder gelbe Zucchini
Butter für die Form
200 ml Sahne
3 EL Milch
Salz, Pfeffer aus der Mühle
1 Prise Muskatnuss
2 EL fein geschnittene Petersilie
3 EL geriebener Parmesan

PALATSCHINKEN MIT ZUCCHINIFÜLLE

Zutaten
100 g Dinkelmehl
100 ml Milch
1 Prise Salz
2 Eier
Butter zum Braten

Fülle:
3 mittelgroße grüne
Zucchini
20 g Butter
Salz, Pfeffer aus der Mühle
1 Prise Muskatnuss
1 TL Mehl
3–4 EL Wasser (abhängig
vom Wassergehalt der
Zucchini)
4 EL geriebener Parmesan

1. Für die Palatschinken Mehl mit Milch glatt rühren, Salz und Eier unterrühren.
2. In einer Pfanne Butter erhitzen, etwas Teig hineingeben und ca. 4 dünne Palatschinken herausbacken.
3. Für die Fülle Zucchini kleinwürfelig schneiden und in Butter kurz andünsten. Würzen und mit Mehl stauben. Mit Wasser aufgießen und ca. 5 Minuten dünsten. Parmesan untermischen.
4. Palatschinken mit Fülle bestreichen, einrollen und servieren.

ZUCCHINI-TOMATEN-AUFLAUF

1. Gemüse waschen und in Scheiben schneiden. Zwiebel kleinwürfelig schneiden und in Olivenöl andünsten. Faschiertes dazugeben, gut durchrösten, mit Salz, Pfeffer und Majoran abschmecken.
2. Reis und Ei unter das Faschierte rühren.
3. Feuerfeste Form mit Butter bestreichen und eine Lage aus Tomaten- und Zucchinischeiben einschichten. Faschierte Masse darauf verteilen und mit den restlichen Gemüsescheiben abdecken.
4. Im vorgeheizten Rohr bei 200 °C ca. 20 Minuten überbacken, mit Parmesan bestreuen und nochmals 20 Minuten überbacken.

Zutaten

350 g gelbe oder grüne Zucchini
300 g Fleischtomaten
1 Zwiebel
etwas Olivenöl
350 g Faschiertes
Salz, Pfeffer aus der Mühle
2 FL fein zerriebener Majoran
100 g gekochter Reis
1 Ei
Butter für die Form
60 g geriebener Parmesan

MACCHERONI MIT GEGRILLTEM SOMMERGEMÜSE

1. Gemüse putzen, waschen und in gleichmäßige Streifen bzw. Scheiben schneiden. Grillpfanne mit etwas Olivenöl befetten und Gemüse von beiden Seiten ca. 3 Minuten grillen.
2. Maccheroni in Salzwasser „al dente" kochen.
3. In einer Pfanne das restliche Öl erhitzen, Schalottenwürfel und die fein gehackte Knoblauchzehe dazugeben und kurz anschwitzen. Vorbereitetes Gemüse hinzufügen, salzen und alles gut durchschwenken. Ganz zum Schluss etwas Nudelwasser hinzufügen. Basilikumstreifen und Butter unterrühren.
4. Nudeln abseihen, mit Sauce gut vermischen und mit Parmesan bestreut sofort servieren.

Tipp: Nur eine Gemüsesorte verwenden und Nudeln mit Büffelmozzarella servieren.

Zutaten

400 g Gemüse (grüne oder gelbe Zucchini, kleine Melanzane, verschiedene Tomatensorten z.B. Ochsenherz, Valencia)
2 EL Olivenöl
320 g Maccheroni
2 Schalotten
1 Knoblauchzehe
Salz
2 EL Basilikumstreifen
30 g Butter
3–4 EL geriebener Parmesan

ZUCCHINIFRITTATA

1. Zucchini in Scheiben schneiden. In einer Pfanne Olivenöl erhitzen, Zucchini darin von allen Seiten gut anbraten und salzen.
2. In der Zwischenzeit Eier mit Milch verquirlen. Würzen und Petersilie sowie Käse untermischen. Sobald die Zucchini schön angeröstet sind, Eiermasse darübergießen. Hitze reduzieren und Deckel auf die Pfanne geben, anschließend warten, bis die Eiermasse stockt. Zucchinifrittata mit gemischtem Salat und Petersilkartoffeln servieren.

Zutaten

350 g kleine grüne Zucchini
1/2 EL Olivenöl
Salz
3 Eier
4 EL Milch
1 Prise Muskatnuss
Salz, Pfeffer aus der Mühle
2 EL fein geschnittene Petersilie
80 g würfelig geschnittener Käse (Almkäse, Bergkäse …)

SPAGHETTI
MIT TOMATEN-SAHNE-SAUCE
UND GEBRATENEN GARNELEN

1. Tomaten waschen, kreuzweise einschneiden und kurz mit kochendem Wasser überbrühen. Dann sofort in kaltes Wasser geben und die Haut abziehen. Tomaten in kleine Würfel schneiden.
2. Zwiebelwürfel und fein gehackte Knoblauchzehe in Olivenöl kurz anschwitzen, Tomatenwürfel dazugeben und ca. 10 Minuten dünsten. Mit Salz, Pfeffer, Thymian und Basilikumstreifen abschmecken.
3. In der Zwischenzeit Garnelen vom Panzer befreien und den Darm vom Schwanzrücken lösen. In einer Pfanne etwas Öl erhitzen und Garnelen ca. 3 Minuten leicht braten.
4. Nudeln in kochendem Salzwasser „al dente" kochen und anschließend abseihen.
5. In die Tomatensauce Sahne und Garnelen untermischen. Anschließend die Sauce mit Gewürzen noch einmal abschmecken.
6. Nudeln mit Sauce gut vermischen, auf Teller aufteilen und sofort servieren.

Zutaten
400 g reife Tomaten (San Marzano, Ananas, Babuschka, Roma)
1 kleine Zwiebel
1 Knoblauchzehe
2 EL Olivenöl
Salz, Pfeffer aus der Mühle
1 Thymianzweig
2 EL Basilikumstreifen
300 g frische Garnelenschwänze
1/2 EL Olivenöl
320 g Spaghetti
200 ml Sahne

BANDNUDELN MIT FRISCHEN TOMATEN UND GERIEBENEM SCHAFSKÄSE

1. Tomaten waschen, kreuzweise einschneiden und kurz mit kochendem Wasser überbrühen. Dann sofort in kaltes Wasser geben und die Haut abziehen. Tomaten in kleine Würfel schneiden.
2. Schalottenwürfel und fein gehackte Knoblauchzehe in Olivenöl kurz anschwitzen, Tomaten dazugeben und ca. 6 Minuten dünsten. Mit Salz, Pfeffer und Basilikumstreifen abschmecken.
3. Nudeln in kochendem Salzwasser „al dente" kochen, abseihen und mit Tomatenwürfeln und Butter kurz durchmischen.
4. Nudeln auf Teller aufteilen und mit frisch geriebenem Schafskäse servieren.

Tipp: Mit Parmesan servieren.

Zutaten
500 g reife Tomaten
(San Marzano, Ananas,
Babuschka, Roma)
2 Schalotten
1 Knoblauchzehe
2 EL Olivenöl
Salz, Pfeffer aus der Mühle
3 EL Basilikumstreifen
320 g Bandnudeln
(Fettuccine)
30 g Butter
80 g Schafskäse

PAPPARDELLE MIT TOMATEN-FLEISCH-SAUCE

Zutaten
1 Zwiebel
etwas Olivenöl
300 g Rindsfaschiertes
1 Karotte
1 EL Tomatenmark
Rotwein zum Löschen
300 g Tomaten
(San Marzano, Pelati)
ca. 200 ml Wasser
Salz, Pfeffer aus der Mühle
1 Rosmarinzweig
2 EL fein gehackter Oregano und Basilikum
400 g Pappardelle
2–3 EL geriebener Parmesan

1. Zwiebel schälen, kleinwürfelig schneiden und in Olivenöl andünsten. Faschiertes dazugeben und gut anrösten. Karotte in kleine Würfel schneiden und ebenfalls mitrösten. Tomatenmark unterrühren und mit Rotwein löschen.

2. Geschälte, entkernte Tomatenwürfel dazugeben, mit Wasser aufgießen und mit Salz und Pfeffer würzen. Rosmarinzweig in die Sauce legen und zugedeckt ca. 45 Minuten leicht köcheln lassen. Die letzten 5 Minuten Basilikum und Oregano dazugeben. Rosmarinzweig vor dem Servieren entfernen.

3. Pappardelle in reichlich Salzwasser „al dente" kochen, abseihen und mit Sauce (Ragù) und Parmesan vermischen.

Tipp: 50 g Speckwürfel mitrösten.

MACCHERONI MIT TOMATEN UND ZUCCHINI

1. Zucchini in Streifen schneiden und in wenig Olivenöl gut anrösten. Tomaten halbieren, mit zerrissenem Basilikum und Parmesan vermischen.
2. Nudeln in Salwasser „al dente" kochen, abseihen, mit Tomaten, Zucchini und Olivenöl gut vermischen und sofort servieren.

Zutaten
2 grüne Zucchini
1/2 EL Olivenöl
10–15 kleine Tomaten (Gelbe Johannisbeere, Datterini und Cocktailtomaten)
5–6 Basilikumblätter
2 EL geriebener Parmesan
300 g Maccheroni
1 EL Olivenöl

TAGLIERINI MIT ZUCCHINI-SAHNE-SAUCE

1. Zucchini in feine Streifen schneiden, in Olivenöl etwas andünsten und würzen.
2. Taglierini in reichlich Salzwasser „al dente" kochen.
3. Tomaten entstielen und in kleine Würfel schneiden. In eine Pfanne Sahne, Zucchinistreifen und Tomatenwürfel geben und kurz aufkochen.
4. Nudeln abseihen, mit Sahnesauce mischen und sofort servieren.

Zutaten
2 grüne oder gelbe Zucchini
etwas Olivenöl
Salz, Pfeffer aus der Mühle
1 Prise Muskatnuss
300 g feine Bandnudeln (Taglierini)
5–6 kleine Tomaten (Cocktailtomaten, Gelbe Johannisbeere, Datterini)
200 ml Sahne

SPAGHETTI MIT MELANZANE UND BÜFFELMOZZARELLA

1. Melanzane würfelig schneiden, in einer Pfanne etwas Öl erhitzen und Melanzanewürfel kurz andünsten. Bauchspeck kleinwürfelig schneiden, in der Pfanne anrösten, fein gehackten Knoblauch und geschälte Tomatenwürfel dazugeben. Würzen und zugedeckt ca. 15 Minuten dünsten.

2. In der Zwischenzeit Nudeln in reichlich Salzwasser „al dente" kochen.

3. Mozzarella in Würfel schneiden und Basilikum fein hacken. Nudeln abseihen und in einer Pfanne mit Tomaten, Mozzarella-, Melanzanewürfeln und Basilikum mischen und sofort servieren.

Tipp: Anstelle von Melanzane kann man auch Zucchini verwenden.

Zutaten

2 kleine Melanzane
etwas Olivenöl
80 g Bauchspeck
1 Knoblauchzehe
200 g Tomaten
Blütensalz aus der Mühle
300 g Spaghetti
100 g Büffelmozzarella
3–4 Basilikumblätter
1 Thymianzweig

ÜBERBACKENE ZUCCHINI-NUDELN

Zutaten
3 mittelgroße grüne Zucchini
etwas Olivenöl
Salz
Tomatensauce (siehe Seite 45)
Butter für die Form
200 g Scamorza oder Bergkäse
300 g Nudeln (Maccheroni, Farfalle …)

1. Zucchini in dünne Scheiben schneiden, in Olivenöl kurz andünsten und salzen. Tomatensauce zubereiten.

2. Zucchini in eine befettete, feuerfeste Auflaufform geben und Tomatensauce darübergießen. Mit Scamorza- oder Bergkäsestückchen bestreuen und im vorgeheizten Rohr bei 180 °C ca. 20 Minuten überbacken.

3. In der Zwischenzeit Nudeln in reichlich Salzwasser „al dente" kochen und anschließend abseihen. Nudeln mit dem Zucchiniauflauf mischen und servieren.

Tipp: Anstelle von Zucchini kann man auch Melanzane verwenden.

ZUCCHINI-BLÜTEN-NUDELN

1. Zucchini kleinwürfelig schneiden, in Olivenöl andünsten, mit Salz und Pfeffer würzen.
2. In der Zwischenzeit Nudeln in reichlich Salzwasser „al dente" kochen.
3. Zucchini in eine Schüssel geben, Mascarpone, Muskatnuss, Minze, Blüten und die gekochten, abgeseihten Nudeln dazugeben, alles gut durchmischen und sofort servieren.

Zutaten

3 mittelgroße grüne und gelbe Zucchini
1/2 EL Olivenöl
Salz, Pfeffer aus der Mühle
300 g Nudeln (Pennette, Maccheroni …)
150 g Mascarpone
1 Prise Muskatnuss
2 EL fein gehackte Minzeblätter
1 EL getrocknete Korn- oder Ringelblume

ZITRONENRISOTTO
MIT TOMATENPESTO

1. Für das Pesto Tomaten, Basilikum, Olivenöl und
Parmesan im Mixer fein pürieren.
2. Reis in Olivenöl glasig andünsten.
Zitronenschale dazugeben und immer wieder mit
heißer Gemüsebrühe aufgießen, aufkochen und
einkochen lassen. Risotto gelegentlich umrühren.
Diesen Vorgang so lange wiederholen, bis
der Risotto die gewünschte Konsistenz
erreicht hat.
3. Fertigen Risotto mit Salz, Pfeffer, Parmesan bzw.
Pecorino würzen und mit Butter abschmecken.
4. Risotto mithilfe eines Metallringes auf
vorgewärmte Teller geben und mit Tomatenpesto
rundherum beträufeln.

Zutaten

Pesto:
6 getrocknete Tomaten-
hälften
einige Basilikumblätter
200 ml Olivenöl
2 EL geriebener Parmesan

Risotto:
320 g Reis (Arborio,
Carnaroli)
etwas Olivenöl
Schale von 1/2 unbe-
handelter Zitrone
ca. 1 1/2 l Gemüsebrühe
Salz, Pfeffer aus der Mühle
100 g geriebener Parmesan
oder Pecorino
40 g kalte Butter

ÜBERBACKENE MELANZANE-BRÖTCHEN

1. Melanzane waschen und in kleine Würfel schneiden. Öl erhitzen, Melanzanewürfel dazugeben und gut anrösten.
2. In der Zwischenzeit Tomaten, Schalotte, Karotte und Selleriestange kleinwürfelig schneiden, zu den Melanzane geben und ca. 15 Minuten mitdünsten.
3. Oliven in Scheiben schneiden und gemeinsam mit Kapern und Honig zum Gemüse geben. Alles gut durchmischen und ca. 2 Stunden marinieren. Abschmecken und – wenn notwendig – vorsichtig mit Salz und Pfeffer würzen.
4. Nochmals abschmecken, mit Weißbrotscheiben und Kapern servieren.

Zutaten

2 kleine runde Melanzane
etwas Olivenöl
2–3 reife Tomaten
1 Schalotte
1 Karotte
1 Selleriestange
5–6 schwarze oder grüne Oliven
1 TL Kapern
1 EL Honig
Salz, Pfeffer aus der Mühle
Weißbrot oder Baguette
einige Kapern zum Verzieren

MELANZANEBRUSCHETTA

1. Melanzane waschen und in ca. 1 1/2–2 cm dicke Scheiben schneiden. Rohr auf 180 °C vorheizen. Backblech mit Olivenöl befetten, Melanzanescheiben darauflegen und für ca. 15 Minuten ins vorgeheizte Rohr schieben.
2. In der Zwischenzeit Knoblauchzehen schälen und fein hacken. Pignoli in einer trockenen Pfanne gut anrösten und anschließend auskühlen.
3. Tomaten waschen, entstielen und in feine Würfel schneiden. In eine Schüssel geben, würzen und Basilikumstreifen dazugeben. Etwas Olivenöl darübergießen und alles gut umrühren.
4. Melanzanescheiben auf Teller setzen und mit gehacktem Knoblauch bestreuen. Marinierte Tomaten daraufgeben und mit Pignoli bestreuen. Dazu passt sehr gut frisches oder getoastetes Weißbrot.

Tipp: Mit Büffelmozzarella oder Mozzarella servieren.

Zutaten
2 kleine runde Melanzane
Olivenöl für das Blech
2 Knoblauchzehen
2–3 EL Pignoli
2 reife Tomaten
(Babuschka, Ananas, Cocktailtomaten)
Salz, Pfeffer aus der Mühle
einige Basilikumblätter
2–3 EL Olivenöl
Weißbrot oder getoastetes Brot

MELANZANETOAST

Zutaten

1 kleine längliche
Melanzane
etwas Olivenöl
100 g Landschinken
150 g würziger Almkäse
oder Scamorza
2 reife Fleischtomaten
(Babuschka)
4 Scheiben Bauern- oder
Kamutbrot
1 EL Tomatenchutney
(siehe Seite 36)
Salz, Pfeffer aus der Mühle
1 Thymianzweig

1. Melanzane in kleine Würfel schneiden und in der Pfanne mit wenig Olivenöl gut andünsten.
2. Schinken und Käse in dünne Streifen schneiden. Tomaten waschen und in Scheiben schneiden.
3. Brot mit Tomatenchutney bestreichen, mit Tomatenscheiben belegen, salzen und pfeffern. Melanzanewürfel, Schinken- und Käsestreifen darauf verteilen.
4. Im vorgeheizten Rohr bei 180 °C ca. 10–15 Minuten überbacken und mit Thymian servieren.

Tipp: Anstelle von Melanzane Zucchini verwenden.

ÜBERBACKENE ZUCCHINI-BRÖTCHEN

1. Vom Brot runde Scheiben von ca. 8 cm Durchmesser ausstechen und mit Kräutersenf bestreichen.

2. Zucchini in Scheiben schneiden und in der Pfanne mit etwas Öl auf beiden Seiten gut anbraten. Tomaten waschen, entstielen und in Würfel schneiden.

3. Bestrichenes Brot mit Zucchini- und Käsescheiben belegen und Tomatenwürfel darüberstreuen. Würzen und im vorgeheizten Rohr bei 180 °C ca. 8 Minuten überbacken. Mit Basilikum bestreut servieren.

Zutaten

8 Scheiben Walnuss- oder Kamutbrot
2–3 EL Kräutersenf
3 kleine gelbe oder grüne Zucchini
etwas Rapsöl
4–5 gelbe oder rote Cocktailtomaten
8 Scheiben Bergkäse oder Mozzarella
Salz, Pfeffer aus der Mühle
3–4 EL Basilikumstreifen

GEMÜSEPIZZA MIT FRISCHEN TOMATEN

1. Für den Pizzateig Mehl sieben, Grube machen, Germ hinein bröckeln und mit Zucker und Wasser verrühren. Vorteig (= Dampfl) ca. 15 Minuten an einem warmen Ort zugedeckt gehen lassen.
2. Anschließend Olivenöl, Salz und lauwarme Flüssigkeit dazugeben und Teig so lange kneten, bis er sich vom Schüsselrand löst. Mit etwas Mehl bestreuen und zugedeckt ca. 45 Minuten an einem warmen Ort gehen lassen.
3. In der Zwischenzeit Käse, Cocktailtomaten (gelbe oder rote) und Zucchini in Scheiben schneiden. Peperoni in Ringe schneiden.
4. Blech bzw. Tortenform befetten und bemehlen und Pizzateig in der Form auswalken. Mit Tomatensauce bestreichen und mit den restlichen Zutaten belegen.
5. Im vorgeheizten Rohr bei 180 °C ca. 15 Minuten backen. Mit Olivenöl beträufeln und mit Basilikumblättern belegen.

Tipp: Gemüsepizza nach dem Backen mit gegrillten Melanzane- oder Zucchinischeiben belegen. Mit frischer Basilikumsauce (Pesto) servieren.

Zutaten

Für 1 Backblech oder 2 runde Tortenformen (Durchmesser 24 cm)

Teig:
300 g Dinkelmehl (1/2 Menge Vollkornmehl)
15 g Germ
1 TL Zucker
2 EL lauwarmes Wasser
1 EL Olivenöl
Salz
ca. 1/8 l Milch oder Wasser
etwas Mehl zum Bestreuen

Belag:
2 Scamorza oder Mozzarella bzw. Büffelmozzarella
6–7 Cocktailtomaten
200 g kleine gelbe und grüne Zucchini
1 gelbe Peperoni
Olivenöl und Mehl
400 ml Tomatensauce (siehe Seite 45)
16 schwarze Oliven
Salz
2 TL Oregano
Olivenöl zum Beträufeln
7–8 Basilikumblätter

KLEINE TOMATENPIZZA
MIT RUCOLA

Zutaten

Teig:
wie bei Gemüsepizza
(siehe S. 113)

Belag:
6–8 reife gelbe oder rote
Cocktailtomaten oder
Datterini
300 g Brie (Blauschimmel-
käse)
100 g Rucola
Olivenöl und Mehl für das
Blech
Blütensalz aus der Mühle
Oregano

1. Pizzateig zubereiten und rasten lassen.
2. Tomaten und Brie in Scheiben schneiden,
Rucola waschen. Blech befetten und bemehlen.
3. Aus dem Pizzateig eine Rolle formen und in
8 gleichmäßige Stücke schneiden, Teigstücke rund
auswalken und auf's Blech geben.
4. Kleine Pizza mit Tomaten- und Käsescheiben
belegen, salzen und mit Oregano bestreuen.
Im vorgeheizten Rohr bei 180 °C ca. 15 Minuten
backen. Rucola etwas zerreißen, darauflegen und
sofort servieren.

KARTOFFEL-GEMÜSE-PIZZA

1. Kartoffeln mit der Schale dämpfen, heiß schälen und pressen. Kartoffeln salzen, mit Muskatnuss abschmecken und die Masse auskühlen lassen.

2. Für den Belag Gemüse kleinwürfelig schneiden und der Garzeit entsprechend vordünsten.

3. Mehl und Ei zur Kartoffelmasse geben und rasch zusammenkneten.

4. Blech mit Öl bestreichen und den Teig auf dem Blech auswalken. Ausgekühltes Gemüse auf dem Teig verteilen und mit Käsewürfel bestreuen. Im vorgeheizten Rohr bei ca. 180 °C 30 Minuten backen. Mit fein gehackten Kräutern bestreuen und in Stücke schneiden.

Zutaten
500 g mehlige Kartoffeln
Salz
Muskatnuss
140 g Weizenmehl
1 Ei
Olivenöl für das Blech

Belag:
1 kleine Lauchstange
150 g Brokkoli
180 g gelbe Zucchini
1 Fleischtomate
100 g Käse (Bergkäse, Brie, Mozzarella)
Salz
Oregano
einige Basilikumblätter

SÜSSER ZUCCHINIKUCHEN

1. Zucchini waschen, Enden abschneiden, grob raspeln und sehr gut ausdrücken. Walnüsse fein mahlen.

2. Zucker, Vanillezucker und Eier sehr schaumig schlagen. Zitronensaft, -schale, gesiebtes Mehl, Backpulver, Walnüsse, Zucchiniraspel, Basilikumstreifen und Rum unterheben.

3. Zucchinimasse in eine befettete, bemehlte Tortenform einfüllen und im vorgeheizten Rohr bei 180 °C ca. 45–50 Minuten backen.

4. Torte aus der Form lösen, abkühlen lassen, mit Staubzucker bestreuen und mit Vanillesahne servieren.

Zutaten
Für 1 Tortenform (Durchmesser 24 cm)

200 g kleine grüne Zucchini
125 g Walnüsse
200 g Zucker
1 Pkg. Bourbon-Vanillezucker
4 Eier
Saft und Schale von
1 unbehandelter Zitrone
100 g Weizenmehl
1 TL Backpulver
5 Basilikumblätter
1 EL Rum
Butter und Mehl für die Form
Staubzucker zum Bestreuen
200 ml Sahne
1 EL Vanillezucker

GEBACKENE ZUCCHINIBLÜTEN
MIT VANILLEEIS

1. Von den Zucchiniblüten die kleinen Kelchblättchen abzupfen und die Staubgefäße mit einer Schere herausschneiden.

2. Mehl in eine Schüssel sieben und mit Milch, Dotter und Rum zu einem glatten Teig verrühren. Eiweiß mit Salz steif schlagen und vorsichtig unter die Dottermasse rühren.

3. In der Zwischenzeit Öl erhitzen. Zucchiniblüten am Stiel haltend in den Teig tauchen. Blüten ca. 1–2 Minuten im heißen Öl frittieren, dabei öfters wenden. Auf Küchenpapier gut abtropfen lassen.

4. Mit Vanilleeis und frischen Früchten sowie mit Staubzucker bestreut servieren.

Zutaten
8 kleine Zucchiniblüten
Backfett
300 g Vanilleeis
frische Früchte
(Himbeeren, Schwarz-
beeren, Johannisbeeren)
Staubzucker zum
Bestreuen

Teig:
60 g Weizenmehl
170 ml Milch
1 Ei
1 EL Rum
1 Prise Salz